ANIMALES CARROÑEROS

Los buitres

SANDRA MARKLE

EDICIONES LERNER / MINNEAPOLIS

EL MUNDO ANIMAL ESTÁ LLENO DE CARROÑEROS.

Los carroñeros son la patrulla de limpieza que busca y come carroña (animales muertos) para sobrevivir. Todos los días nacen y mueren animales. Sin los carroñeros, los cadáveres de animales se pudrirían lentamente. La carne en descomposición olería mal y ocuparía espacio. Además, podría contaminar el agua y atraer moscas y otros insectos transmisores de enfermedades. Afortunadamente, en todos lados los carroñeros comen animales moribundos o muertos antes de que tengan tiempo de pudrirse. *En casi todos los hábitats, este grupo de carroñeros incluye uno o más tipos de buitres.*

Existen dos tipos principales de buitres: los buitres del Nuevo Mundo y los buitres del Viejo Mundo. Los del Nuevo Mundo, como este buitre cabeza amarilla, viven en América del Norte, Central y del Sur. Son parientes cercanos de las cigüeñas. Al igual que ellas, sus patas no tienen garras afiladas (con uñas largas y filosas para agarrarse de objetos). Para comer, dependen de los animales muertos que encuentren.

Los buitres del Viejo Mundo, como estos buitres orejudos, viven en Europa, Asia, Australia y África. Son parientes cercanos de los halcones. Al igual que ellos, tienen garras de uñas afiladas. Los buitres del Viejo Mundo a veces matan animales heridos, pero principalmente se alimentan de carroña.

Los buitres son excelentes voladores. Desde las alturas, detectan con facilidad la carroña en la superficie. La mayoría son aves grandes que llegan a pesar 30 libras (unos 14 kilos). Tienen alas inmensas que se extienden casi 6 pies (alrededor de 2 metros) de extremo a extremo. Pero no es sólo debido al tamaño de sus alas que los buitres vuelan tan bien. Estas aves pueden planear grandes distancias utilizando las corrientes de aire ascendentes.

Es temprano por la mañana en la sabana (pradera) africana. Los buitres dorsiblancos se despiertan. En lo alto, en un viejo árbol seco, el macho comienza a desplegar las alas. Cuando percibe una termal, es decir, una corriente de aire cálida que sube desde la tierra, agita sus grandes alas y la remonta. Luego planea sin esfuerzo, buscando carroña en el suelo.

Los buitres tienen una vista agudísima.

El macho dorsiblanco ve otros buitres volando en círculos en la lejanía.

Esto quiere decir que abajo hay carroña. Se acerca planeando y luego se deja

caer, estirando las patas a tiempo para el aterrizaje.

Ya hay otros buitres devorando al animal muerto. El macho dorsiblanco se apresura a arrebatar su parte. Su agudo pico es del mismo material que nuestras uñas, pero más grueso. Lo utiliza para arrancar los pedazos de carne que engulle.

De repente, un chacal en busca de alimento arremete contra el grupo de buitres. El macho dorsiblanco agita las alas y levanta vuelo. Se apura para huir del chacal; no se arriesgará a dañar sus enormes y frágiles alas por defender su porción de comida. Pero el chacal no busca pelea; tan pronto se apodera de un hueso con carne, se aleja con su parte. Y el dorsiblanco se dispone a seguir comiendo.

El buitre no canta ni llama como lo hacen la mayoría de las aves, sino que sisea, resuella y cacarea al expulsar aire de los pulmones. Los buitres hacen mucho ruido al enfrentarse entre sí por la carroña mientras comen. Para encontrar los trozos más jugosos, introducen su largo pico en el cuerpo del animal muerto.

En menos de diez minutos, el buche del macho (la bolsa dentro del cuerpo donde se almacena la comida) está tan lleno que le abulta el pecho. Demasiado pesado para volar, se asienta somnoliento. Mira cómo comen los otros buitres hasta que no quedan más que los huesos pelados.

En el estómago del buitre, la comida se mezcla con ácidos fuertes que forman parte del proceso de digestión. La comida que los buitres ingieren a menudo está en descomposición y contaminada con microbios, pero pocos virus o bacterias pueden sobrevivir en ese estómago. La sangre de un buitre está llena de anticuerpos. Estas moléculas atacarán cualquier bacteria que sobreviva en el estómago.

La cabeza del macho dorsiblanco está cubierta de sangre porque la metió en el cuerpo del animal muerto. Se dirige hacia el río para darse un buen baño.

Tras lavarse, el macho dorsiblanco se acomoda las plumas mientras se secan. Tira de ellas con el pico, una a una, y así las prepara para el vuelo. Las plumas están formadas por muchas ramificaciones pequeñas unidas por diminutos ganchos, pero el vuelo y el roce contra la carroña y con otras aves las desenganchan. Con su pico, el buitre las acomoda nuevamente.

De repente, un elefante se abalanza contra el agua y todos los dorsiblancos corren y aletean afanosos por levantar vuelo a tiempo para escapar. Luego el buitre macho vuelve a casa, al árbol alto que dejó por la mañana.

Lejos, en la costa del golfo en Florida, docenas de buitres cabeza roja comparten un árbol seco. Casi todas las ramas están ocupadas. Al igual que otros del Nuevo Mundo, estos buitres cabeza roja tienen garras con dedos hacia adelante que les permiten pararse y caminar, pero no agarrar objetos. Los buitres del Viejo Mundo tienen un dedo opuesto a los demás que usan como si fuera un pulgar para agarrar.

Los buitres cabeza roja se asientan en perchas comunitarias. Cerca del grupo, una pareja construye un nido en un claro dentro de un denso matorral. Allí, la hembra pondrá dos huevos de color blanco cremoso, con manchas color café. Cada huevo tiene el tamaño de la mano de un adulto. Luego, durante cuarenta días aproximadamente, los padres se turnan, un día uno, otro día otro, para empollarlos mientras las crías se desarrollan.

Cuando salen del huevo, los polluelos no pueden regular su temperatura corporal, es por ello que los padres deben sentarse en el nido para calentarlos. También deben traerles comida. Una cría muere, a pesar de los esfuerzos de sus padres por mantenerla viva. Ambos siguen trabajando mucho para encontrar alimento y llevarlo a la otra cría.

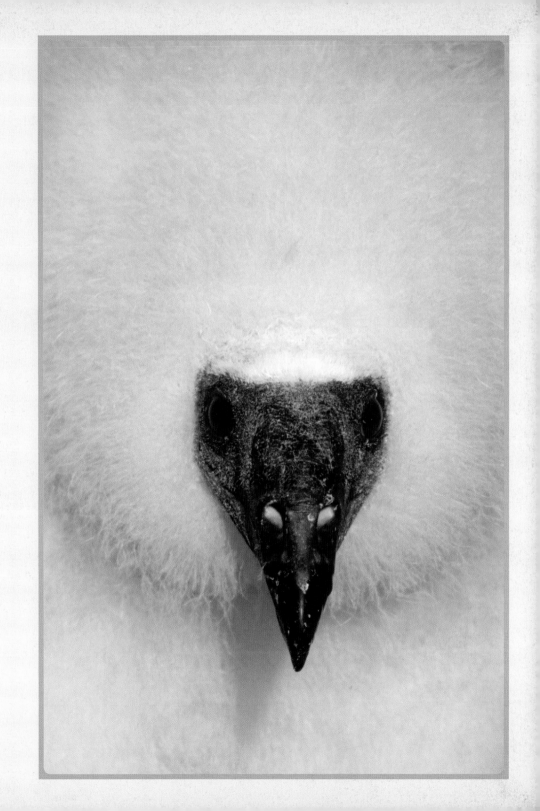

Algunos buitres, como los cabeza roja, tienen excelente olfato. La hembra vuela bajo sobre el espeso bosque. Recibe tanta información de lo que huele en las corrientes de aire como de lo que ve abajo. Muchos de los animales de los que se alimentan los buitres cabeza roja mueren en el bosque y quedan ocultos por los árboles. Mediante su sentido del olfato, los buitres localizan la carroña que no pueden ver. Otras variedades, como los buitres negros, a menudo siguen a los cabeza roja que vuelan en círculo al acecho de comida.

La hembra cabeza roja sigue el rastro de la carroña hasta su origen, un caimán muerto. Un buitre negro ya ha llegado a él. Con su siseo, le advierte que no se acerque.

Finalmente, la hembra cabeza roja encuentra otro alimento: peces muertos a la orilla del río. Baja y de inmediato empieza a comer.

Entre tanto, un mapache en busca de su propio alimento detecta el fuerte olor de la cría cabeza roja.

Ahora es la cría la que huele al cazador, y exhala enérgicamente. Esto produce un siseo fuerte y ronco que es suficiente para alejar al mapache y quedar a salvo.

En la selva peruana, un buitre rey macho busca comida para su cría. El buitre rey no tiene buen olfato, pero sí una vista muy aguda. Al detectar buitres negros a la orilla de un río, desciende a investigar. Los buitres negros están comiendo peces en descomposición.

Ellos no abandonarán su comida sin pelear por ella. El buitre rey es más agresivo: sisea y les tira picotazos. Finalmente, logra apoderarse de una porción.

Todavía insatisfecho, el buitre rey se aleja en busca de más comida. Esta vez encuentra un caballo muerto. Como el cuero del animal es duro, primero le devora los ojos y otras partes blandas. Cuando otros buitres se acercan para ayudarle a abrir el vientre a picotazos, pelea por su porción de las partes blandas internas.

Finalmente, ha comido suficiente para llevar comida a su cría. De hecho, está tan lleno que su buche está abultado. Debe correr y aletear con fuerza para levantar el vuelo.

Ambos padres llevan comida a la pequeña hembra de buitre rey.
La cría crece con rapidez, y sus alas se fortalecen. Van apareciendo las plumas oscuras del buitre juvenil. Aunque está dentro del nido en la pequeña cavidad de un árbol alto, abre y cierra las alas para fortalecerlas. Finalmente está lista para volar en busca de su propio alimento.

Durante nueve meses aproximadamente, el buitre rey juvenil hembra se entrena como ave carroñera. Vuela junto a sus padres y aprende por observación e imitación. Así es como se percata de otros buitres en vuelo o en el suelo. La cría aprende a seguirlos para encontrar carroña y también aprende a pelear para llevarse su parte lejos de los contrincantes.

Cuando la joven hembra de buitre rey tiene sus plumas de adulto, ya es una experta carroñera. Tiene también un compañero y se ha apropiado de una cavidad en la cima de un árbol para anidar. Lleva la comida en su buche abultado para alimentar a su única cría. Otro polluelo crecerá para unirse a la patrulla de limpieza de buitres del mundo.

Retrospectiva

- Vuelve a mirar el buitre en vuelo de la portada (página 1). Ahora mira el que está en la página 9. Observa cómo modificó la posición del cuello y la cola para disminuir la velocidad y descender hasta posarse en tierra. El buitre también cambia la posición de la cola, la cual usa como un timón, para cambiar la dirección en vuelo.

- Observa nuevamente los buitres comiendo de la página 12. ¿Adivinaste para qué les sirve ese collar de plumas? Evita que la sangre se deslice por el lomo y sobre las alas mientras comen. Si las alas se empaparan con sangre, los buitres podrían tener problemas para escapar volando de un depredador.

- Mira la cría de buitre cabeza roja de la página 27. ¿En qué se parece al buitre adulto de la página 20? ¿En qué cambiará al crecer?

Glosario

ANTICUERPOS: moléculas para combatir las enfermedades que se encuentran en la sangre

BUCHE: parte del tracto digestivo con forma de bolsa donde se almacena el alimento

CARROÑA: cadáver de un animal del que se alimentan los animales carroñeros

CARROÑERO: animal que se alimenta de animales muertos

JUVENIL: buitre joven. Las plumas de los buitres juveniles no son del mismo color que las de los adultos.

PERCHA: un lugar, tal como un árbol o una estructura construida por el hombre, en el cual los buitres se posan a descansar

PICO: parte que rodea la boca del buitre

POLLUELO: cría de un ave

PROCESO DE DIGESTIÓN: es el proceso de ingerir y disolver los alimentos en el cuerpo para obtener energía

TERMAL: corriente ascendente de aire cálido que se produce cuando la energía solar calienta la superficie terrestre y ésta a su vez eleva la temperatura del aire circundante.

Información adicional

LIBROS

Grady, Wayne. *Vulture: Nature's Ghastly Gourmet*. San Francisco: Sierra Club Books, 1997. Este libro explora los mitos e historias verídicas sobre los buitres.

Rauzon, Mark. *Vultures*. New York: Franklin Watts, 1997. Describe las características físicas, la conducta y los ciclos vitales de diversas especies de buitres.

Redmond, Jim. *King Vulture*. Chicago: Raintree/ Steck Vaughn, 2003. Descripción del ciclo de vida y comportamiento particular del buitre rey.

Smith, Roland. *Vultures*. Minneapolis: Lerner Publications Company, 1997. Este ensayo fotográfico presenta diversos tipos de buitres, y describe su comportamiento y ciclo de vida.

Wechsler, Doug. *Vultures*. New York: Rosen, 2003. Trata sobre los buitres del Nuevo y Viejo Mundo.

VIDEO

Wings over the Serengeti (Washington, DC: National Geographic, 1996). Esta película describe en forma impactante los distintos eslabones de la cadena alimentaria en el Serengeti de África, entre ellos, los animales carroñeros, como los buitres.

SITIO WEB

The Turkey Vulture Society. http://vulturesociety .homestead.com. Preguntas y respuestas sobre los buitres cabeza roja y otras especies de buitre.

Índice

Un agradecimiento especial al Dr. Jonathan Pascoe

La autora desea agradecer a las siguientes personas por compartir su experiencia y entusiasmo: Al Dr. David Houston, Biología Ambiental y Evolutiva, Universidad de Glasgow, Glasgow, Escocia; y al Dr. Jerome A. Jackson, Académico Eminente Whitaker de la Florida Gulf Coast University, Fort Meyers, Florida. La autora desea expresar también un agradecimiento especial a Skip Jeffery por su ayuda y apoyo durante el proceso creativo.

Agradecimiento de fotografías

Las imágenes presentes en este libro se utilizan con autorización de: © Peter Blackwell/naturepl.com, pág. 1; © Craig Lovell/CORBIS, pág. 3; © Mark Jones/Roving Tortoise Photos, pág. 4; © Wendy Stone/CORBIS, pág. 5; © Joe McDonald/CORBIS, págs. 7, 19; © D. Robert & Lorri Franz/CORBIS, pág. 8; © Richard DuToit/naturepl.com, pág. 9; © Tony Heald/naturepl.com, págs. 11, 16; © danheller.com, pág. 12; © M. P. Kahl/VIREO, pág. 13; © Paul A. Souders/CORBIS, pág. 15; © Peter Johnson/CORBIS, pág. 20; © Frans Lanting/Minden Pictures, pág. 21; © A. Morris/VIREO, págs. 23, 25; © Doug Wechsler/VIREO, pág. 24; © Raymond Gehman/CORBIS, pág. 26; © Rick Kline/Cornell Lab of Ornithology, pág. 27; © Tui De Roy/Roving Tortoise Photos, págs. 29, 30, 31; © Brand X Pictures by Getty Images, pág. 33; © Mark Jones/Roving Tortoise Photos, págs. 34, 37. Portada: © Chris Hellier/CORBIS.

ediciones Lerner
Una división de Lerner Publishing Group, Inc.
241 First Avenue North
Minneapolis, MN 55401 EUA

Dirección de Internet: www.lernerbooks.com

Library of Congress Cataloging-in-Publication Data

Markle, Sandra.
  [Vultures. Spanish]
  Los buitres / por Sandra Markle.
    p.   cm. — (Animales carroñeros)
  Includes bibliographical references and index.
  ISBN 978−0−8225−7731−7 (lib. bdg. : alk. paper)
  1. Vultures—Juvenile literature. I. Title.
QL696.F32M25818 2008
598.9'2—dc22   2007004089

Fabricado en los Estados Unidos de América
1 2 3 4 5 6 – DP – 13 12 11 10 09 08

LEE ANIMALES DEPREDADORES, UNA SERIE JUVENIL DE NO FICCIÓN ESCRITA POR SANDRA MARKLE

Los cocodrilos
Los tiburones blancos
Los leones
Los lobos